One-Minute Prayers
to Start Your Day

아침을 여는 **1분**
기도

호프 리다 지음 | 김태곤 옮김

ONE-MINUTE PRAYERS™ TO START YOUR DAY

Copyright ⓒ 2005 by Harvest House Publishers
Published by Harvest House Publishers
Eugene, Oregon 97402 USA.
www.harvesthousepublishers.com
All rights reserved.

Korean Edition published by Word of Life Press, Seoul, 2007.
Translated and published by permission.
Printed in Korea.

아침을 여는 **1분 기도**

ⓒ 생명의말씀사 2007

2007년 7월 15일 1판 1쇄 발행
2023년 12월 7일   19쇄 발행

펴낸이 | 김창영
펴낸곳 | 생명의말씀사

등록 | 1962. 1. 10. No.300-1962-1
주소 | 서울시 종로구 경희궁1길 6 (03176)
전화 | 02)738-6555(본사) · 02)3159-7979(영업)
팩스 | 02)739-3824(본사) · 080-022-8585(영업)

기획편집 | 태현주, 전보아
디자인 | 염혜란
인쇄 | 영진문원
제본 | 다온바인텍

ISBN 978-89-04-15711-2 (04230)
ISBN 89-04-00130-7 (세트)

저작권자의 허락없이 이 책의 일부 또는 전체를
무단 복제, 전재, 발췌하면 저작권법에 의해 처벌을 받습니다.

아침을 여는 1분
기도

목차 Contents

- 깰지어다 006

008 시작 *Beginnings*
014 기회 *Opportunity*
020 생산성 *Productivity*
026 다른 사람들 *Others*
032 희생 *Sacrifice*
038 변화 *Change*
044 헌신 *Devotion*
050 인도 *Commitment*
056 소망 *Hope*
062 공급하심 *Provision*
068 인내 *Preseverance*
074 만족 *Contentment*

080 지금 *Now*

086 갱신 *Renewal*

092 시련 *Trials*

098 약속 *Promise*

104 자각 *Awareness*

110 용기 *Courage*

116 갈증 *Thirst*

122 책임 *Responsibility*

128 방향 *Direction*

134 진실성 *Authenticity*

■ 이끄소서 140

깰지어다 OneMinutePra

내 영혼아, 깰지어다

  찬양으로 새벽을 깨우게 하소서. 이 새벽의 기쁨에 참여하기 원합니다. 기뻐할 이유를 주께서 주셨습니다. 제 삶의 풍성한 축복들을 바라보면서 하루를 감사로 시작하게 하소서. 또 한 날을 소중한 선물로 받았으니 패배감이나 비통함을 떨쳐 버리게 하소서.

  매순간이 주의 것입니다. 제 삶의 노래를 들으소서. 그리하여 주님을 기쁘시게 해드리기 원합니다. 기쁨으로 어둠

yetsToStartYourDay

을 밝혀 주게 기쁨을 드리며, 세상에 빛을 드러내기를 원합니다.

하나님이여 내 마음이 확정되었고 내 마음이 확정되었사오니 내가 노래하고 내가 찬송하리이다 내 영광아 깰지어다 비파야, 수금아, 깰지어다 내가 새벽을 깨우리로다 _시편 57:7-8

Beginnings

시작
Beginnings

날이 밝으매 예수께서 나오사 한적한 곳에 가시니 무리가 찾다가 만나서 자기들에게서 떠나시지 못하게 만류하려 하매 예수께서 이르시되 내가 다른 동네에서도 하나님의 나라 복음을 전하여야 하리니 나는 이 일로 보내심을 입었노라 하시고 _누가복음 4:42-43

하루를 맞으며

하나님, 새 날을 맞으면서 주님의 계획에 유의하게 하소서. 저의 시간과 저 자신, 그리고 이 하루를 허비하지 않도록 주의 뜻에 집중하기 원합니다. 제 마음이 혼란스러운 것도 축복의 길로 인도하시려는 주의 손길 때문임을 깨닫습니다.

마음을 주님께로 돌리기가 쉽지는 않습니다. 그러나 저를 향한 분명한 목적이 있음을 알기에, 오늘 생길 일을 기대하는 마음으로 하루를 시작합니다.

지혜를 구합니다

　제가 어떤 일을 하는지 알고 행동하기 원합니다. 하지만 주님, 그것이 저를 문제에 빠트릴 수도 있습니다. 주의 지혜와 인도하심을 더 많이 구하도록 도와주소서. 이 하루를 그리고 제 인생을 주님의 지혜로 시작하기 원합니다.
　저에게 허락하신 세상과 사람들과 상황들을 제대로 파악하기 원하는 저의 바람은 오직 주를 더욱 가까이할 때에만 가능할 것입니다.

여호와를 경외하는 것이 지혜의 근본이요 거룩하신 자를 아는 것이 명철이니라 _잠언 9:10

내가 새벽 전에 부르짖으며 주의 말씀을 바랐사오며 주의 말씀을 묵상하려고 내 눈이 야경이 깊기 전에 깨었나이다 _시편 119:147-148

하루의 시작

주 안에서 갖는 소망이 제 가능성과 꿈과 미래의 시작입니다. 오늘은 남은 날들의 시작입니다. 저를 위해 마련하신 모든 일들을 흔쾌히 맞기 원합니다. 제가 예상하지 못했던 문을 발견하기 원합니다. 오늘 내딛는 한 걸음이 주의 손길에 의해 이끌리는 위대한 그 무엇이 되기 원합니다.

주님, 주의 약속들을 묵상합니다. 그 약속들이 밤새껏 제 마음과 생각을 채웁니다. 이제 새 날을 시작하면서 주의 약속들을 굳건히 붙들게 하소서.

생명을 주신 주

제가 아직 제대로 말을 하지 못할 때, 스스로 음식을 먹거나 걸어 다니거나 혹은 제 행동에 따른 결과를 미처 생각하지 못할 때, 주님은 저를 돌보며 지키셨습니다. 주께서 저를 이 세상에 보내셨고, 이제 이생을 통과하게 하십니다. 오늘을 허락하신 주님을 찬양합니다. 제게 닥친 시련들에 대해서도 감사드립니다. 오해받을 때에도, 그릇된 선택을 할 때에도 주께서는 저와 함께 계십니다.

주님은 제가 삶을 시작할 때부터 저와 함께 계셨고, 삶을 마감할 때에도 저를 안아 주실 것입니다. 하루도 빠짐없는 주의 임재와 위로로 인하여 주께 감사드립니다.

내가 모태에서부터 주의 붙드신 바 되었으며 내 어미 배에서 주의 취하여 내신 바 되었사오니 나는 항상 주를 찬송하리이다 _시편 71:6

Opportunity

기회
Opportunity

그러므로 우리는 기회 있는 대로 모든 이에게 착한 일을 하되 더욱 믿음의 가정들에게 할지니라 _갈라디아서 6:10

친절한 태도

주의 은혜를 간구하고는 곧 돌아서서 저를 도우려는 사람들에게 불평했습니다. 또 자신의 일에 열중할 뿐인 사람들을 종일 비난했습니다. 주의 인도하심을 따라 모든 이들을 존중하는 법을 배우기 원합니다. 하나님, 기뻐하게 하소서. 모든 상황에서 기뻐할 수 있게 해주소서.

오늘 하루를 다른 사람들을 섬길 수 있는 기회, 낯선 이들과 가족을 존중하고 친절하게 대할 수 있는 기회로 삼겠습니다. 그리고 언짢음과 불쾌함과 실망 대신에 은혜의 기쁨을 나타낼 기회를 찾겠습니다.

내가 한 것이 아니오

저에게 주어진 기회들을 잘 활용해야 한다는 책임감을 느낍니다. 이 책임감이 제게 큰 성취감과 힘을 느끼게도 합니다. 하지만 주님, 저의 행운이란 주의 선하심과 시간의 흐름에 따른 결과임을 종종 깨닫습니다. 저는 주의 능력과 축복을 받은 존재입니다.

기회가 노크할 때, 저의 자아를 억제하고 문을 열어 그것을 받아들이게 하소서. 그 기회를 만드시고, 건네시며, 포착하게 하는 분은 주님이십니다.

빠른 경주자라고 선착하는 것이 아니며 유력자라고 전쟁에 승리하는 것이 아니며 지혜자라고 식물을 얻는 것이 아니며 명철자라고 재물을 얻는 것이 아니며 기능자라고 은총을 입는 것이 아니니 이는 시기와 우연이 이 모든 자에게 임함이라 _전도서 9:11

예수께서 저희를 보시며 가라사대 사람으로는 할 수 없으되 하나님으로서는 다 할 수 있느니라 _마태복음 19:26

하나님으로서는

저는 상황을 지배하고 있다고 느끼고 싶습니다. 자신감을 갖고 싶습니다. 독립심을 드러내기 원합니다. 적어도 세상에 대해서는 그렇습니다. 주께서 다 아시듯이 저는 범사에 진정으로 주를 의지합니다. 어떤 모임에 임하기 전에 적절한 말을 할 수 있도록 그리고 낯선 사람을 대면할 수 있는 용기를 얻을 수 있도록 기도했습니다. 우리 가족에게 영향을 미칠 어떤 결정을 내리기 전에 무릎을 꿇고 주의 뜻을 먼저 간구했습니다.

주님, 주께서 제 힘의 근원이심을 드러내기 원합니다. 주 안에서 확신을 가짐으로 저의 연약함을 감추지 않게 하소서. 진리에 충실할수록 저는 약한 자를 강하게 하시며, 불가능을 가능하게 하시는 주님을 더 많이 드러낼 것입니다.

내 삶을 빚으소서

주님, 어제는 다소 실패작이었습니다. 저의 큰 계획들이 시들해졌고, 저의 높은 소망들이 꺾였습니다. 완벽하고 흠이 없던, 한때 찬란하던 제 계획이 결함투성이로 판명났습니다. 이제 새 날을 맞이합니다. 이날을 토기장이인 주의 손에 맡깁니다. 주께서 가장 잘 빚으시기 때문입니다.

주께서 예비하고 지으시는 날이 어떠할지 너무나 궁금합니다. 그날은 아름답고 온전할 것이라고 믿습니다.

진흙으로 만든 그릇이 토기장이의 손에서 파상하매 그가 그것으로 자기 의견에 선한 대로 다른 그릇을 만들더라 _예레미야 18:4

Productivity

생산성
Productivity

여호와를 경외하며 그 도에 행하는 자마다 복이 있도다 네가 네 손이 수고한 대로 먹을 것이라 네가 복되고 형통하리로다 _시편 128:1-2

주의 목적을 분별함

주님을 경외합니다. 주님의 위대하심과 그 큰 능력을 더 많이 이해할수록 하루하루를 주께 더 잘 맡길 수 있습니다. 주의 길로 행하는 것이 곧 목적과 의미로 가득한 일임을 깨닫게 도와주소서. 내일의 24시간도 주께 드리기 원합니다. 주님을 기쁘시게 하는 열매를 맺기 위해 최선을 다하게 하소서.

주여, 주님의 시각으로 분명한 목적과 생산성을 분별할 수 있게 하소서. 그리하여 장벽에 부딪히거나 마음에 혼란이 와도 차분히 주의 인도하심을 따라 결실을 맺게 하여 주소서.

전심전력

생명을 주신 하나님 아버지, 제가 맡은 모든 일에 열정과 에너지를 쏟게 하소서. 매사에 신실하며 성실성을 보일 수 있도록 주의 말씀을 붙들게 하소서. 오늘의 일정에는 힘든 일이 포함되어 있습니다. 부지런하고 세심하게 행하여 주의 손길을 드러낼 수 있도록 도와주소서. 세속적인 듯한 일을 만날 때에는 그 일의 가치를 분별하게 해주소서.

하나님, 매사에 헌신하고 싶습니다. 매순간 최선을 다할 수 있는 힘을 주소서. 주님, 숙고와 묵상과 기도 시간에 100%의 노력과 열정을 기울이기 원합니다.

이 모든 일에 전심전력하여 너의 진보를 모든 사람에게 나타나게 하라 _
디모데전서 4:15

여호와여 주께서 우리를 위하여 평강을 베푸시오리니 주께서 우리 모든 일을 우리를 위하여 이루심이니이다 _이사야 26:12

평강의 유산

혼돈 속에서 평강을 더 잘 이해하는 경우도 있습니다. 통제할 수 없거나 몹시 변덕스러운 상황 속에서도 저는 마음속 깊은 곳에서 평온을 느끼며 그로 인해 주를 바라볼 수 있습니다. 저는 주의 평강을 느낍니다. 힘든 시기가 지나고 마침내 제가 목표를 성취할 수 있을 때, 저는 주의 평화로우신 보호를 증거합니다.

주여, 주님은 저를 위해 너무나 많은 것을 해주십니다. 주님이 아니면 저는 방향도 목적도 상실하고 맙니다. 주님 없이는 영원한 가치를 지닌 일을 이룰 수 없습니다. 하나님, 주의 자녀를 보살펴 주서서 감사합니다.

사명을 위해

주님, 오늘 하루가 주의 은혜를 누리고 전하는 날이 되게 하소서. 지난날을 돌아보면 미흡한 점이 많습니다. 좋은 의도로 출발하지만 얼마 지나지 않아 그것을 잃어버립니다. 그러고는 마음에 드는 것이면 무엇이나 손에 넣으려 합니다. 돈, 성공, 명성, 지위 따위를 말입니다. 이러한 것들도 위로부터 오는 축복일 수 있습니다. 하지만 주의 은혜를 주위 사람들과 함께 나누는 데 있어서는 별로 도움이 되지 않습니다.

지난날을 즐거이 회고하기 원한다면 저는 종으로서, 협력자로서, 돌보는 자로서, 친구로서, 그리고 주의 은혜의 복음을 전하는 자로서 생산적일 필요가 있습니다.

나의 달려갈 길과 주 예수께 받은 사명 곧 하나님의 은혜의 복음 증거하는 일을 마치려 함에는 나의 생명을 조금도 귀한 것으로 여기지 아니하노라 _사도행전 20:24

Others

다른 사람들
Others

외인을 향하여서는 지혜로 행하여 세월을 아끼라 너희 말을 항상 은혜 가운데서 소금으로 고르게 함같이 하라 그리하면 각 사람에게 마땅히 대답할 것을 알리라 _골로새서 4:5-6

은혜 충만

주님, 다른 사람들의 필요를 돌아보게 하소서. 주위 사람들에게 귀 기울이는 하루 되게 하소서. 다른 사람들이 자신의 의중을 털어놓을 때 종종 제 마음은 저의 개인적인 일정에만 골몰합니다. 다른 이들에게 필요한 것을 파악할 수 있도록 인내와 열린 마음과 동정심을 주소서. 아마도 그들은 누군가에게 하소연하거나 위로받을 필요가, 주의 선하심을 알 필요가 있을 것입니다.

그들의 말을 들은 후에 주님에 관한 그리고 그들을 위한 말을 전해 줄 수 있을 것입니다. 제 욕구로 인해 주께서 의도하신 대화가 무산되는 일이 없기 원합니다.

의로운 길

하루를 시작하면서 주님의 보호를 사모합니다. 저의 방식을 고집하거나 저의 옳음에 집착하지 않도록 지켜 주소서. 불공정하거나 부당한 사람과 마주칠 때 침묵하거나 그 상황을 무산시키는 지혜로운 말을 하게 하소서. 때로는 평화를 택하기보다는 누군가의 잘못을 지적하려 한다는 점을 솔직히 시인합니다.

평화로운 해결책으로 제 마음을 인도하소서. 시시비비를 넘어 억압받는 자의 고충을 볼 수 있는 온유함을 갖게 하소서. 또한 주님, 다른 이들에게 영혼의 중보자이신 주님을 증거하는 행동을 할 수 있도록 축복해 주소서.

아무에게도 악으로 악을 갚지 말고 모든 사람 앞에서 선한 일을 도모하라 할 수 있거든 너희로서는 모든 사람으로 더불어 평화하라 _로마서 12:17-18

또 누구든지 너로 억지로 오리를 가게 하거든 그 사람과 십리를 동행하고 네게 구하는 자에게 주며 네게 꾸고자 하는 자에게 거절하지 말라 _마태복음 5:41-42

사랑으로 주라

얼마나 많은 사람들이 저에게 기대를 걸고 있는지 모르겠습니다. 오늘 저는 가족과 직장 동료, 그리고 제 시간을 필요로 하는 다른 사람들의 요구에 직면할 것입니다. 누군가가 저를 찾아온다면 도움을 원하기 때문임을 알고 있습니다. 문을 닫지 않도록 도와주소서. 제게 부탁하는 것 이상을 줄 수 있게 해주소서. 주님은 그렇게 할 수 있는 힘과 능력을 주십니다. 제 결점에 대해 염려하지 않겠습니다.

오늘 저는 주께 나아가 풍성하게 베푸는 삶을 위해 필요한 인내와 친절과 사랑을 간구합니다.

은사대로 봉사하라

주님, 저는 은사들을 좋아합니다! 다만 저의 은사가 어떤 것인지 모를 뿐입니다. 주 안에서 제가 어떤 사람인지 알려 주소서. 제 행동 속에 강한 부분이 보일 때도 있지만, 그것이 늘 일관되지는 않습니다. 제 삶에서 개발되어야 할 영역들을 파악하도록 도와주소서. 주께서 원하시는 일을 방해하는 활동이나 관심사들을 떨쳐 버리게 하소서.

주여, 주께서 허락하신 삶을 최대한 선용하고 싶습니다.

각각 은사를 받은 대로 하나님의 각양 은혜를 맡은 선한 청지기같이 서로 봉사하라 _베드로전서 4:10

Sacrifice

희생
Sacrifice

이에 베드로가 대답하여 가로되 보소서 우리가 모든 것을 버리고 주를 좇았사오니 그런즉 우리가 무엇을 얻으리이까 _마태복음 19:27

모든 것을 버림

주위를 돌아보면 없어진 것들이 있습니다. 어떤 사치품과 기회는 선호도 측면에서 배제되었고, 주님과 사랑하는 사람들을 더 잘 섬기는 삶을 위해 포기된 것들도 있습니다. 주님과 주의 은혜의 선물을 알게 되어 너무나 감사합니다. 그래서 불필요한 여러 가지 장식물이나 상황을 삶에서 제거했습니다. 이제 저는 순전히 본질적인 것들만을 위해 살아가려는 소망으로 매일을 맞이합니다.

하나님 아버지, 주님은 저를 궁핍 가운데 내버려두지 않으십니다. 제 삶에 필요하지 않은 모든 것을 과감히 버릴 수 있는 용기와 통찰력을 주소서.

이날을 받으소서

이날을 주께 낙헌제로 바치기를 기도합니다. 아침에 일어나 하루를 시작할 때 주변의 축복을 둘러보고 주님을 찬양하기 원합니다. 오늘 만날 사람들을 생각하면서 기도하기 원합니다. 결정을 주께 맡김으로 주의 뜻 가운데에서 행하며, 저를 위한 주의 목적을 향해 나아가기 원합니다. 다른 이들의 필요를 돌아보아 주의 손길처럼 그들을 도울 수 있기 원합니다.

하나님 아버지, 이날은 주의 것입니다. 주님과 주의 길을 더 잘 알 수 있도록 이날을 주께 바칩니다.

내가 낙헌제로 주께 제사하리이다 여호와여 주의 이름에 감사하오리니
주의 이름이 선하심이니이다 _시편 54:6

너희가 여호와께 감사 희생을 드리거든 너희가 열납되도록 드릴지며 _레위기 22:29

주께 열납되기를

하나님 아버지, 의미와 기회로 가득한 삶을 주신 주께 감사드립니다. 어떻게 살아가야 할지 몰라 방황할 때, 주께서 다른 사람들의 친절과 주의 말씀과 소망의 빛으로 저를 격려하셨습니다. 또 주의 사랑에 관해 알려 주셔서 감사합니다. 주의 은혜를 가장 절실히 필요로 할 때, 주님은 제게 그 사랑을 베푸셨습니다.

주님이 아니면 오늘의 저는 존재하지 않을 것입니다. 살아오면서 감사하고 싶은 사람들이 많지만, 저의 깨달음과 믿음과 영감의 원천은 오직 주님이심을 고백합니다. 이 진심어린 감사를 받으소서. 제 생각과 일과 찬양을 온종일 주께 바칩니다.

변화
Change

가라사대 진실로 너희에게 이르노니 너희가 돌이켜 어린아이들과 같이 되지 아니하면 결단코 천국에 들어가지 못하리라 그러므로 누구든지 이 어린아이와 같이 자기를 낮추는 그이가 천국에서 큰 자니라 _마태복음 18:3-4

어린아이처럼

주여, 어찌하면 오늘 하루를 바꿀 수 있겠습니까? 다 자란 제 생각을 어린아이의 순수하고 신실한 믿음으로 연결시키려면 어떻게 해야 합니까? 때로는 스스로 만족하기에 도움을 구할 수 없고, 심지어 주의 도우심마저 구할 수 없습니다. 제 교만이, 어른으로서 저의 길을 찾으려는 강한 욕구가 주의 발 앞에 엎드리지 못하게 합니다. 그리고 주의 인도와 자비를 간구하지 못하게 합니다.

스스로 지배하려는 의지를 포기하고 변화를, 즉 축복과 시련을 받아들이는 법을 오늘 보여 주소서. 그 변화는 어린아이처럼 겸손한 믿음을 동반하는 줄로 믿습니다.

나를 만드소서

오늘 저의 삶을 주께 드립니다. 제 뜻을 주의 뜻에 복종시킵니다. 제 일정을 주의 손에 맡김으로 주의 능력을 볼 기회를 얻을 것입니다. 방해가 있을 때 그것을 극복할 수 있는 평안을 베푸소서. 의심이 일어날 때 지혜로워지게 하는 분별력을 베푸소서. 연약함이 있을 때 주의 능력을 의지할 수 있게 하는 지혜를 베푸소서.

하나님 아버지, 믿음으로 행하는 하루하루가 저를 변화시키고, 저를 만드시며, 제 속에 잠재력을 심으시는 주께 맡기는 날들이 되게 하소서.

네게는 여호와의 신이 크게 임하리니 너도 그들과 함께 예언을 하고 변하여 새 사람이 되리라 _사무엘상 10:6

이스라엘의 지존자는 거짓이나 변개함이 없으시니 그는 사람이 아니시므로 결코 변개치 않으심이니이다 _사무엘상 15:29

일관되게 하소서

어떤 결정을 실행으로 옮기기 전에 선택을 달리했으면 하고 바랄 때가 종종 있습니다. 좀처럼 제 발은 흔들리지 않는 확고한 믿음 위에 서지 않는 것 같습니다. 저의 잘못된 생각으로 인해 저는 모든 것과 모든 이들에 대해 의혹을 갖습니다. 하나님 아버지, 주께서 저를 위해 마련하신 길에 집중하도록 도와주소서. 주의 말씀과 뜻에 따라 결정하게 하소서. 그리하여 평안한 마음으로 일을 추진하기 원합니다.

주님은 일관되고, 정직하며, 진실하십니다. 매일 내리는 저의 결정이 처음부터 주의 인도하심에 따른 것이 되도록 하소서.

중요한 일

오늘 저의 시간과 에너지를 정말 중요한 일에 투자하도록 이끄소서. 일시적인 것들에 가치를 두지 않게 하소서. 저에게 필요한 모든 것을 주께서 공급하십니다. 제가 할 일은 제국을 세우는 것이 아니라, 주의 나라를 섬기는 것입니다. 다른 사람들을 격려하고, 가난한 자를 도우며, 상처 입은 자를 돌볼 수 있는 시간을 저의 지위와 사치를 위해 허비했던 적이 많았음을 고백합니다.

저의 교만을 제거하시고 겸손한 심령으로 변화시켜 주소서. 오직 주께 소망을 두는 법을 찾기 원합니다.

네가 이 세대에 부한 자들을 명하여 마음을 높이지 말고 정함이 없는 재물에 소망을 두지 말고 오직 우리에게 모든 것을 후히 주사 누리게 하시는 하나님께 두며 선한 일을 행하고 선한 사업에 부하고 나눠 주기를 좋아하며 동정하는 자가 되게 하라 _디모데전서 6:17-18

Devotion

헌신
Devotion

히스기야가 낯을 벽으로 향하고 여호와께 기도하여 가로되 여호와여 구하오니 내가 진실과 전심으로 주 앞에 행하며 주의 보시기에 선하게 행한 것을 기억하옵소서 하고 심히 통곡하더라……여호와의 말씀이 내가 네 기도를 들었고 _열왕기하 20:2-3, 5

나의 부르짖음을 들으소서

제 삶이 주의 선하심과 어울리기를 간절히 원합니다. 창조주와의 관계를 소중히 여기며 신실하게 주와 동행하기를 열망합니다. 삶 속에서 깊은 슬픔을 겪기도 했지만, 언제나 저는 제 부르짖음을 들으시는 주님을 믿습니다. 옳은 일을 행하며 정직하게 살려는 저의 열망이 주님을 기쁘게 해드리기 원합니다. 시련으로 인해 의심이 밀려들 경우에도, 주의 구원을 부르짖었던 때를 상기하기 원합니다.

감동적이었던 지난날을 기억할 때 헌신의 열망이 새로워집니다.

진리에 집중함

제 생각이 여러 방향으로 저를 끌어당깁니다. 주의 교훈과 진리로 돌이킬 때 집중력을 갖고 전념하게 됩니다. 마음을 모아 기도하지 않으면 하루하루가 안개 속에서 지나갈 수도 있습니다. 주님, 기도 시간은 일상에서 벗어나 진실한 삶을 들여다보는 때입니다. 저는 이 시간을 사랑합니다. 주의 사랑을 느낍니다. 주의 인도하심을 감지합니다. 그리고 주의 신실하심을 의지합니다.

저는 주의 손으로 지음받은 존재입니다. 주여, 이 점을 잊고 지내는 저를 불쌍히 여기소서. 간절히 기도하며 주의 진리를 갈망하는 상황으로 저를 돌이키소서.

그 손의 행사는 진실과 공의며 그 법도는 다 확실하니 영원 무궁히 정하신 바요 진실과 정의로 행하신 바로다 _시편 111:7-8

집 하인이 두 주인을 섬길 수 없나니 혹 이를 미워하고 저를 사랑하거나 혹 이를 중히 여기고 저를 경히 여길 것임이니라 너희가 하나님과 재물을 겸하여 섬길 수 없느니라 _누가복음 16:13

우선순위

일어나서 하루를 맞을 때 저의 생각이 재정적인 필요로 향하는 것을 봅니다. 거창한 기업인수를 계획한다는 것이 아니라, 예금 잔액에 매일 신경쓴다는 뜻입니다. 해결책을 확인하기 전까지는 염려에 사로잡힙니다. 그리고 이 염려는 저를 주님으로부터 멀어지게 만듭니다.

이 혼란스러움을 제거해 주소서. 잠에서 깨면 먼저 주님을 생각하기 원합니다. 경제적인 문제를 온전히 주께 맡깁니다. 이 선택에 따른 자유를 누리게 하소서.

마음과 정신

이 순간 저의 마음과 정신을 주께 맡깁니다. 주께서 저를 지으셨습니다. 주님은 저를 아십니다. 그리고 저를 사랑하십니다. 항상 주의 얼굴을 구하는 충성스러운 제자이기 원합니다. 주의 은혜를 저에게 비추실 때 저의 하루는 소망으로 빛납니다. 제가 무엇을 해서가 아니라, 주께서 저의 평범한 삶에 영원한 가치를 부여해 주시기 때문입니다.

오늘 하루도 제가 어디서 주님을 찾을 수 있을지 생각합니다. 주께 속한 일을 더 많이 추구할수록 제 삶을 이끄시는 주의 손길을 더 많이 경험할 것입니다.

이제 너희는 마음과 정신을 진정하여 너희 하나님 여호와를 구하고 _역대상 22:19

Commitment

인도
Commitment

내가 너희와 언약을 세우리니 다시는 모든 생물을 홍수로 멸하지 아니할 것이라 땅을 침몰할 홍수가 다시 있지 아니하리라 _창세기 9:11

견고한 약속

제 자동차의 와이퍼가 연거푸 빗물을 쓸어내렸습니다. 와이퍼의 움직임이 저를 깊은 생각에 빠져들게 했습니다. 제 인생에 관해 진지한 물음을 던지게 합니다. 앞날에 대한 상념에 빠지게도 하고, 미지의 장래에 대한 염려에 사로잡히게도 했습니다. 하지만 주차장에 들어섰을 때 멀리 찬란한 무지개가 보였습니다. 주께서 저의 하루를 그리고 앞으로의 모든 날들을 돌보신다는 표시인 줄로 믿습니다.

어두운 하늘을 밝히는 그 아름다운 무지개 빛깔을 보면서, 절망의 홍수로부터 건져 내어 은총의 고지로 이끌어 주신 주님을 늘 기억하며 감사하게 하소서.

아는 것이 믿는 것이다

주님은 하나님이십니다. 주님은 아담과 이브의 하나님이십니다. 주의 손이 우주와 그 속의 무수한 것들을 지으셨습니다. 지나간 모든 세대가 주의 능력의 임재를 느껴 왔습니다. 저는 주의 사랑과 보살피심을 증거해 온 사람들의 발자취를 따르고 있습니다. 그들의 이야기는 모든 피조물을 향한 당신의 세심하신 손길을 상기시킵니다.

혼란의 와중에서 상실감을 느낄 때 주의 든든한 손을 붙듭니다. 그리고 매일 주의 계명을 지키려는 열심이 믿음의 닻줄에 저를 붙들어 맵니다.

그런즉 너는 알라 오직 네 하나님 여호와는 하나님이시요 신실하신 하나님이시라 그를 사랑하고 그 계명을 지키는 자에게는 천 대까지 그 언약을 이행하시며 인애를 베푸시되 _신명기 7:9

오직 너희 말은 옳다 옳다, 아니라 아니라 하라 이에서 지나는 것은 악으로 좇아 나느니라 _마태복음 5:37

바람직한 대답

최근 저는 "아니요."라고 명확히 말하는 대신에 마지못해 "네."라고 대답했습니다. 그런가 하면 제가 동조해야 할 일을 거부할 때도 있습니다. 주님, 지혜롭게 결정하도록 도와주소서. 제가 게으르고 동정심이 없어서 어떤 일을 망설인다면 분명하게 "네."라고 말하게 하소서. 주께서 마련해주신 우선순위로부터 멀어지게 하는 결정이라면 단호하게 "아니요."라고 말할 수 있게 하소서.

성령의 인도하심을 분명하게 분간하기 원합니다. 제 삶을 향하신 주의 소명에 민감하게 하시며, 그리하여 진실하고 분명한 방향으로 나아가게 해주소서.

나의 하루를 주께 드립니다

오늘 전개되는 매순간은 주의 것입니다. 저의 생각과 행동과 반응을, 그리고 저의 계획을 주께 맡깁니다. 주의 축복을 간구하며, 또한 주님의 길에서 멀어지도록 유혹하는 난관에 직면할 때 주의 힘을 의지합니다.

'오늘도 또 다른 하루일 뿐'이라는 생각이 들기 시작할 때, 오늘이 얼마나 위대한 날일 수 있는지 보다 분명히 자각하게 해주소서. 크고 작은 저의 헌물이 오는 24시간을 위대한 미래로 전환시키는 주의 도구로 사용될 수 있습니다.

너의 행사를 여호와께 맡기라 그리하면 너의 경영하는 것이 이루리라 _잠언 16:3

Hope

소망
Hope

내가 주를 바라오니 성실과 정직으로 나를 보호하소서 _시편 25:21

소망 안에서 목적을 발견함

제 마음속의 소망으로 인해 제가 더 강하고 더 밝아졌습니다. 소망을 지닌 영혼은 더 이상 죄악의 무게에 짓눌리지 않습니다. 소망은 제 꿈에 날개를 붙이며, 선을 향하도록 저를 고무시킵니다. 주의 도우심으로 성실하고 정직하게 일할 수 있습니다. 매일의 고역이 과다하게 느껴질 때, 주님 안에 있는 소망이 제 앞에 놓인 목적을 분명하게 보도록 돕습니다.

오늘도 소망을 통해 좋은 일들이 많이 일어날 것입니다. 모든 것이 암담할 때에도 유일하게 저를 붙들어 줄 믿음의 선물들을 자각하고 누리기 원합니다.

끈기 있게 기다리게 하는 소망

 오늘도 저는 도움을 필요로 합니다. 주는 저의 도움과 보호의 근원이십니다. 저의 걸음과 말과 성향을 인도하소서. 또한 저에게는 주께 맡겨 드릴 짐들이 있습니다. 근심과 염려의 짐들입니다. 안달하여 일을 악화시키기보다는 주의 소망을 기다리겠습니다.

 이따금씩 염려에 빠져 들기도 합니다. 마음을 바꾸는 것은 쉽지 않습니다. 주를 신뢰하오니 제 삶에 소망이 가득 넘치게 하소서.

우리 영혼이 여호와를 바람이여 저는 우리의 도움과 방패시로다 _시편 33:20

또 약속하신 이는 미쁘시니 우리가 믿는 도리의 소망을 움직이지 말고 굳게 잡아 _히브리서 10:23

굳게 잡음

메뉴판을 보고 주문할 때 저는 좀처럼 결정하지 못합니다. 나열된 음식을 모두 먹고 싶습니다. 하나를 선택하자마자 다른 것에 대한 아쉬움이 듭니다. 하나님 아버지, 소망을 고백하는 제 마음이 이런 식으로 되지 않게 하소서. 주의 약속을 믿는 믿음이 강하고, 단호하며, 온전하기 원합니다.

살아가면서 여러 가지 선택에 직면하게 됩니다. 어떤 쪽을 선택해도 위험부담은 있습니다. 하지만 주님, 주를 향한 제 소망은 결코 위험하지 않음을 고백합니다.

소망의 삶

이번 주에 소망의 대변인으로 살고 싶습니다. 상술적인 방식으로 하는 것이 아니라, 조용히 눈에 띄지 않게 그렇게 하고 싶습니다. 믿음으로 얻은 소망을 다른 사람들에게도 전하기 원합니다. 자상한 말과 자발적인 마음을 갖게 해주소서.

이기적인 관심사에서 벗어나 다른 이들에게 필요한 것들을 볼 수 있을 때, 소망의 참된 의미를 온전히 깨닫게 될 것입니다.

소망 중에 즐거워하며 환난 중에 참으며 기도에 항상 힘쓰며 성도들의 쓸 것을 공급하며 손 대접하기를 힘쓰라 _로마서 12:12-13

Provision

공급하심
Provision

내가 여호와께 구하매 내게 응답하시고 내 모든 두려움에서 나를 건지셨도다 _시편 34:4

먼저 주께로 향합니다

주께 간구할 때 주님이 저에게 필요한 모든 것의 원천이심을 깨닫습니다. 보다 쉬운 길을 위해 눈을 돌리는 대신에 주의 지혜와 힘을 구할 것입니다. 제 직업을 의존하는 대신에 주님께 기초를 둔 정체성을 구할 것입니다. 주여, 무엇인가가 필요할 때마다 창조주이신 주님을 먼저 생각하기 원합니다.

오늘도 주님으로부터 얻을 기회를 많이 접할 것입니다. 저를 지키시며 필요한 것을 공급해 주시는 주님을 늘 생각하기 원합니다.

주님으로부터 오는 것

주님은 저의 간구를 완벽하게 들어주셨습니다. 그 수많은 응답 사례들 중 제가 알아차리지 못한 것들도 너무나 많습니다. 주여, 주의 손으로부터 나오는 것을 볼 수 있는 눈을 허락하소서. 오래도록 계속된 불평으로 인해 주를 찬양하는 음성이 메말랐습니다. 그럼에도 불구하고 주님은 여전히 자비를 베푸십니다.

저의 푸념을 즐거운 탄성으로 바꾸소서. 주님으로부터 받은 모든 은사를 통해 주께서 공급하시는 은혜와 용서를 다른 이들에게 알리기 원합니다.

여호와께서 모세에게 일러 가라사대 내가 이스라엘 자손의 원망함을 들었노라 그들에게 고하여 이르기를 너희가 해 질 때에는 고기를 먹고 아침에는 떡으로 배부르리니 나는 여호와 너희의 하나님인 줄 알리라 하라 하시니라 _출애굽기 16:11-12

또 우리 사람들도 열매 없는 자가 되지 않게 하기 위하여 필요한 것을 예비하는 좋은 일에 힘쓰기를 배우게 하라 _디도서 3:14

선행의 이유

오늘 하루, 저는 여러 가지 일들을 '좋다'고 평가할 것입니다. 모닝 커피, 친구와의 대화, 새로운 요리법, TV 쇼 등을 말입니다. 하지만 주여, 제 입술과 손으로부터 나오는 것들 중에 주님이 보시기에 진정으로 선한 것은 무엇입니까? 저의 하루가 사람들에게 유익을 주는 선행으로 가득하기를 기도합니다. 저의 생산성으로 인해 주의 뜻에 더 가까워지기 원합니다.

요즘에는 헌신이라는 말이 잘 사용되지 않습니다. 하지만 저는 적극적으로 선을 행하며 헌신하는 심령을 갖기 원합니다.

내게도 이적이 일어날 수 있을까?

오늘 저는 그다지 지혜롭지 못한 느낌입니다. 옷을 입고 문을 나서지만 마음은 개운하지 않습니다. 하나님 아버지, 저의 심령과 마음을 넓혀 주소서. 그리하여 주님으로부터 오는 지혜와 명철을 하나도 남김 없이 붙들게 하소서. 저의 분별력을 넓히셔서 정말 중요한 것을 알아보는 하늘의 식견을 갖게 하소서.

저에게 이적처럼 보이는 일이 임할 때 신령한 시각을 갖게 하소서. 스스로 지혜로워지려는 시도를 멈추고 주의 길로 행하는 법을 배울 때, 제 삶에 놀라운 길이 열릴 줄로 믿습니다. 오늘 그런 체험을 할 수 있도록 인도하소서.

하나님이 솔로몬에게 지혜와 총명을 심히 많이 주시고 또 넓은 마음을 주시되 바닷가의 모래같이 하시니 _열왕기상 4:29

Perseverance

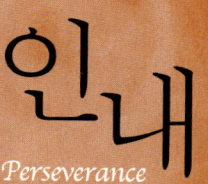

인내
Perseverance

그러므로 너희 담대함을 버리지 말라 이것이 큰 상을 얻느니라 너희에게
인내가 필요함은 너희가 하나님의 뜻을 행한 후에 약속을 받기 위함이라
_히브리서 10:35-36

기어코 해냄

"내가 이것만 해낼 수 있다면……."

저는 이런 말을 자주 합니다. 당면한 일을 잘 견뎌 내게 해줄 밝은 희망을 찾습니다. 제 눈은 오늘의 짐을 덜어 줄 대안을 찾아 먼 곳을 살핍니다. 믿음에는 인내가 요구됩니다. 저는 이런 상황에 대해서도 주께 감사드립니다. 인내 또한 선물이기 때문입니다.

오늘 제 앞에 놓인 일을 무엇이든 감당해 낼 때 주께서 약속하신 것들을 얻을 줄로 믿습니다. 만일 제가 수고의 땀을 모른다면 승리의 달콤함도 결코 모를 것입니다.

서로 사랑하라

주여, 저를 도우소서. 오늘 저는 걸핏하면 저를 난처하게 만드는 사람과 마주칠 것입니다. 그 사람만 보면 가슴이 답답합니다. 그가 방으로 들어오면 마음이 불편합니다. 그 사람을 의식하여 상황을 공연히 악화시키는 제 모습이 안타깝습니다. 주여, 이 상황을 주께 맡깁니다. 그리고 이 사람을 볼 때 과거의 경험에 근거한 선입견의 렌즈보다는 주님의 관점을 통해 보기 원합니다.

이제 마음이 놓입니다. 전에는 이 사람과의 관계를 놓고 기도해 본 적이 없습니다. 앞으로 제 힘을 의지하지 않고 주의 능력 안에서 인내하겠습니다. 그러면 모든 것이 변화 될 줄로 믿습니다.

형제 사랑하기를 계속하고 _ 히브리서 13:1

너희도 길이 참고 마음을 굳게 하라 주의 강림이 가까우니라……형제들아 주의 이름으로 말한 선지자들로 고난과 오래 참음의 본을 삼으라 보라 인내하는 자를 우리가 복되다 하나니 너희가 욥의 인내를 들었고 주께서 주신 결말을 보았거니와 주는 가장 자비하시고 긍휼히 여기는 자시니라 _야고보서 5:8, 10-11

긍휼의 은사

주님, 몇몇 친구들이 생각납니다. 그들은 모두 주님의 치유의 손길을 필요로 합니다. 그들의 인생 여정은 큰 곤경으로 가득합니다. 그들이 소망을 간구할 때에도 두려움의 구름이 그들의 생각을 뒤덮습니다. 인내하는 그들에게 주의 축복이 임하기를 기도합니다. 고통 중에 있는 그들에게 주께서 긍휼과 위로를 베푸십시다. 염려와 불안에 떠는 그들에게 주께서 자비를 베푸십니다.

 격려하는 벗이 되기 원합니다. 친구들과 대화하며 그들을 붙들고 기도할 때 저에게 주의 말씀을 주소서.

Contentment

만족

Contentment

하나님이여 내 속에 정한 마음을 창조하시고 내 안에 정직한 영을 새롭게 하소서……주의 구원의 즐거움을 내게 회복시키시고 자원하는 심령을 주사 나를 붙드소서 _시편 51:10, 12

기쁨으로 시작하라

주여, 오늘 하루를 소망과 기쁨으로 맞이하게 하소서. 더 이상 여러 가지 손실이나 실수들을 생각하면서 아침을 맞고 싶지 않습니다. 그런 것들을 생각하는 순간 하루의 기쁨은 사라지고 맙니다.

정결한 심령으로 구원의 즐거움을 회복하게 하소서. 제 짐을 주께 맡길 때 기운이 솟아납니다. 이 기쁨을 삶의 소중한 경험으로 간직하기 원합니다. 주변 상황은 그런 기쁨을 훼방합니다. 주여, 믿음에서 오는 만족을 늘 상기하게 해주소서.

두 걸음 앞으로

사소한 것들에 너무 쉽게 마음을 뺏깁니다. 그것들이 저를 온통 사로잡습니다. 제 생각과 집 안 곳곳을 가득 채우고 있습니다. 이들 중 대부분은 아무런 쓸모도 없는 것들입니다. 조금만 한눈을 팔면 이 괴물에게 이끌립니다. 이런 어리석은 행동은 가치 있는 삶과 무관합니다. 하나님 아버지, 이 탐욕을 제 마음에서 제거하셔서 경건한 만족을 품고 살아가게 해주소서.

사소한 것들을 저에게서 제거하시고, 주님이 주시는 것을 받아 누리게 하소서. 주님으로부터 나온 자원들이 무엇인지를 잘 분별하여 주께 인정받는 삶을 깨닫기 원합니다.

그러나 자족하는 마음이 있으면 경건이 큰 이익이 되느니라 우리가 세상에 아무것도 가지고 온 것이 없으매 또한 아무것도 가지고 가지 못하리니 우리가 먹을 것과 입을 것이 있은즉 족한 줄로 알 것이니라 _디모데전서 6:6-8

주께서 생명의 길로 내게 보이시리니 주의 앞에는 기쁨이 충만하고 주의 우편에는 영원한 즐거움이 있나이다 _시편 16:11

친한 벗처럼

오늘 좋은 친구와 함께 시간을 보낼 것을 생각하니 몹시 즐겁습니다. 우리는 아무 이야기나 허심탄회하게 나눌 수 있고, 마음껏 웃을 수 있습니다. 서로를 숨길 필요가 없습니다. 주여, 주님도 우리의 다정한 친구가 되어 주십니다. 때로는 이 사실을 잊고 주님을 우애를 나누는 존재라기보다는 꾸지람 듣는 아이처럼 대했습니다.

주님은 제 인생의 행로를 이모저모로 다듬습니다. 기뻐하는 삶을 살도록 도와주소서. 지속적인 관계와 만족을 기대하며 주님 앞에 나아가는 법을 배우기 원합니다.

주께 맡김

주께 제 모든 삶을 맡기기 전까지는 저의 불안한 심령이 평안하지 못할 것입니다. 주님은 제 어머니의 복중에서 저를 지으셨지만, 저는 여전히 승리와 염려를 포함한 '제 것'에 집착합니다. 그래서 평안을 얻지 못합니다. 저를 주께 온전히 맡기는 것이 무엇을 뜻하는지 깨닫게 해주소서. 이 중요한 교훈을 배워 집착에서 벗어나기 원합니다.

형통함과 시련과 삶의 폭풍들이 주님의 손안에 있다는 사실을 알 때, 저는 그것들을 견디며 심지어 환영할 수도 있습니다. 어떤 상황이나 변화에 직면해도 제 심령이 더 이상 불안하지 않기 원합니다.

너는 하나님과 화목하고 평안하라 그리하면 복이 네게 임하리라 _욥기 22:21

Now

지금
Now

오늘 있다가 내일 아궁이에 던지우는 들풀도 하나님이 이렇게 입히시거든 하물며 너희일까 보냐 믿음이 적은 자들아 _마태복음 6:30

주의 은혜로 옷 입는 삶

잠자리에서 일어나 옷을 입을 때면 오늘 하루도 저를 입히시는 주를 의지해야 함을 자각합니다. 주의 은혜가 저를 용서로 옷 입히십니다. 주의 자비가 저를 긍휼로 옷 입히십니다. 주의 사랑이 저를 가치로 옷 입히십니다. 저는 주의 손에 의지하지 않는 결정을 피하기 원합니다.

과거에는 믿음이 여러모로 미약했습니다. 이제 옛 믿음에서 벗어나 새로운 믿음으로 옷 입을 수 있기 원합니다.

한 번에 한 가지

하나님 아버지, 서두르지 않게 해주소서. 매일 아침, 장래의 일들을 고민하느라고 에너지를 허비합니다. 오늘의 은사를, 지금의 은사를 늘 간과합니다. 제 심령을 진정시키고 주의 평안으로 채우셔서 저의 성급한 생각을 가라앉히소서. 앞일을 생각하고, 양손을 꽉 쥐며 무슨 일이 일어날지 염려한다고 해서 더 좋아지는 것은 아닙니다.

모든 상황을 지배하려는 집착에서 벗어나게 하소서. 범사에 주를 의뢰하게 하소서. 주께서 모든 것을 혼자 힘으로 처리하게 하지는 않으심을 압니다. 주님은 늘 저와 함께 계십니다. 오늘 이 순간은 두 번 다시 돌아오지 않습니다. 이 순간을 주님의 의도에 맞게 평안히 지내게 하소서.

그러므로 내일 일을 위하여 염려하지 말라 내일 일은 내일 염려할 것이요 한날 괴로움은 그날에 족하니라 _마태복음 6:34

사람들이 너희를 끌어다가 넘겨줄 때에 무슨 말을 할까 미리 염려치 말고 무엇이든지 그 시에 너희에게 주시는 그 말을 하라 말하는 이는 너희가 아니요 성령이시니라 _마가복음 13:11

필요한 말을 간구함

저에게 필요한 말을 주소서. 저는 오늘 마주칠 상황에 대해 초조해했으며, 그 염려가 얼마나 쓸모없었는지 이제 깨닫습니다. 주께서 일용할 양식을 주시듯이, 억압당할 때 필요한 말과 생각도 주실 것입니다. 저를 휩쓸고 있는 두려움의 영을 제거하소서. 저를 인도하시는 성령의 음성에 귀 기울이기 원합니다.

나중에 생길 일을 미리 생각하여 적절한 말을 준비할 수도 있습니다. 하지만 때가 이르면 주께서 저를 보살피실 것을 믿는 마음으로 제 생각을 주께 고정시킬 수도 있습니다.

주의 인도를 따름

하나님 아버지, 오늘 매순간 주님을 온전히 사랑하기 원합니다. 제 생각이 번잡스러울 때 주를 찬양하기 시작할 것입니다. 삶의 에너지가 고갈될 때 주의 사랑이 저에게 역사하기를 기도합니다. 주의 생각과 주의 방식으로 제 영혼을 채우소서. 그리하여 '지금' 주의 임재로 가득해지기 원합니다.

주여, 주께서 바라시는 모든 것으로 제 심령에 새기소서. 매 걸음마다 주께서 새기신 지도를 따르겠습니다.

너는 마음을 다하고 성품을 다하고 힘을 다하여 네 하나님 여호와를 사랑하라 오늘날 내가 네게 명하는 이 말씀을 너는 마음에 새기고 _신명기 6:5-6

갱신
Renewal

사람이 죽으면 어찌 다시 살리이까 나는 나의 싸우는 모든 날 동안을 참고 놓이기를 기다렸겠나이다 주께서는 나를 부르겠고 나는 대답하였겠나이다 주께서는 주의 손으로 지으신 것을 아껴 보셨겠나이다 _욥기 14:14-15

주님을 발견함

오늘 어떤 난관이 닥칠지라도 그 상황이 주께서 정하신 시점에 회복될 줄로 믿습니다. 저의 힘든 시기가 좋은 방향으로 풀려날 것을 알기에 안도합니다. 저는 새로운 삶이 무엇인지를 이해합니다. 그것은 은혜요, 두 번째 기회요, 또한 갱신입니다.

주를 갈망합니다. 낮의 분주한 걸음이 이 사실을 잊게 할 수도 있지만, 잠자리에서 일어나기 전의 조용한 시간에 주의 임재로 이끌림을 느낍니다. 그리고 주께서도 저를 갈망하심을 자각할 때 기쁨이 깊어집니다.

비취소서

여느 때보다 더 싸늘한 날들이 있습니다. 주여, 저에게 비취는 주의 얼굴의 온기를 느끼기 원합니다. 주의 광채에 덮이기 원합니다. 주의 손 안에서 쉬면서 안전함과 구원을 경험합니다. 저를 그곳으로 이끄소서.

시간이 지나면서 주의 약속들이 펼쳐질 것입니다. 오늘 하루가 어떻게 전개될지 불확실해도 저는 그 약속들을 붙들 것입니다. 그것들을 통해 갱신과 강건함이 임하기 때문입니다.

만군의 하나님 여호와여 우리를 돌이키시고 주의 얼굴 빛을 비취소서 우리가 구원을 얻으리이다 _시편 80:19

그러므로 우리가 그의 죽으심과 합하여 세례를 받음으로 그와 함께 장사되었나니 이는 아버지의 영광으로 말미암아 그리스도를 죽은 자 가운데서 살리심과 같이 우리로 또한 새 생명 가운데서 행하게 하려 함이니라 _ 로마서 6:4

부활의 힘

저의 개인적 부활은 서서히 진행되는 것 같습니다. 주여, 제 마음을 주께 바쳤을 때 주께서 새 생명을 주신 줄로 믿습니다. 하지만 때로는 옛 습성으로 되돌아갑니다. 주의 부활의 은혜로 인한 갱신을 원합니다. 새로운 피조물로 살아가는 것이 무엇을 의미하는지 보고, 맛보고, 느끼기 원합니다.

주님은 사망의 고통을 넘어 생명의 영광으로 저를 이끄십니다. 그러나 오늘처럼 전심으로 주를 따르지 못하는 날들도 있습니다. 주의 사랑이 저를 놀라게 합니다. 절망감을 느낄 때 주님은 갱신의 표시를 주십니다. 아이디어, 노래, 기도, 친구, 그리고 소망을 주십니다. 이것이 제 삶 속에서 역동하는 부활입니다.

참된 변화

사람들은 새로운 자세, 새로운 사고방식, 새로운 존재양식에 대해 말합니다. 과거에 저도 그런 것을 시도해 봤지만, 새로운 것을 제 삶에 적용하기가 매우 힘들었습니다. 다른 사람들에게 저의 새로운 선택을 주지시키고 싶었지만, 그 시도는 오래 가지 못했습니다.

마음과 심령이 새로워질 때에야 비로소 변화가 일어납니다. 이전의 변화들은 피상적인 수준이었고, 삶을 변화시킬 만한 것이 아니었습니다. 제가 주의 것이 되기로 선택할 때에만 새로운 자아를 체험할 것입니다.

너희는 유혹의 욕심을 따라 썩어져 가는 구습을 좇는 옛사람을 벗어 버리고 오직 심령으로 새롭게 되어 하나님을 따라 의와 진리의 거룩함으로 지으심을 받은 새사람을 입으라 _에베소서 4:22-24

Trials

시련
Trials

너희 중에 누구든지 지혜가 부족하거든 모든 사람에게 후히 주시고 꾸짖지 아니하시는 하나님께 구하라 그리하면 주시리라 오직 믿음으로 구하고 조금도 의심하지 말라 의심하는 자는 마치 바람에 밀려 요동하는 바다 물결 같으니 _야고보서 1:5-6

고난이 닥칠 때

주님도 아시듯이 저는 곤경에 처했습니다. 오늘 아침에 극적인 일이 제 앞에 놓였습니다. 이 모든 것이 제 탓입니다. 주께서 지혜를 제시하셨음에도 불구하고 저는 그것을 거부했습니다. 성령의 인도하심을 외면했습니다. 하지만 다행히도 이 암담한 상황이 주께로 다시 돌이키게 했습니다. 진정으로 다스리는 분이 누구인지를 망각할 때, 결국 어이없는 궁지에 빠지고 맙니다.

저는 '결코 다시는'이라고 말하지만, 전에도 이런 말을 했습니다. 앞으로 이 시련을 헤쳐 나갈 수 있는 자원을 주신 주께 감사할 것입니다. 그리고 늦기 전에 속히 주께 돌이키기 원합니다.

주께 맞추기

오늘 아침에는 곤경에 처한 친구들을 위해 기도하고 싶습니다. 하루 종일 그들을 생각하려 하지만, 주님도 아시듯이 저의 하루는 너무 분주합니다. 다른 사람들을 위한 기도로 하루를 시작하면, 온종일 바쁠 때에도 그들을 생각하며 기도하는 마음을 유지할 수 있습니다.

기도하는 심성을 갖게 해주소서. 그렇게 되려면 훈련이 필요하겠지만, 그것은 주님과 가까워지는 길입니다. 지금 주께로 나아갑니다. 그리고 우리의 시련이 주께로 돌이키는 기회가 되기를 기도합니다.

형제들아 내가 우리 주 예수 그리스도로 말미암고 성령의 사랑으로 말미암아 너희를 권하노니 너희 기도에 나와 힘을 같이하여 나를 위하여 하나님께 빌어 _로마서 15:30

무릇 징계가 당시에는 즐거워 보이지 않고 슬퍼 보이나 후에 그로 말미암아 연달한 자에게는 의의 평강한 열매를 맺나니 _히브리서 12:11

평생의 과업

제가 해야 할 일이 어느 정도입니까? 저는 어느 목표 지점을 향하기보다는 단지 쳇바퀴를 돌리는 듯할 때가 있습니다. 하나님 아버지, 저에게 요구하시는 것이 무엇입니까? 저는 주님의 지시에 따르기보다는 다른 사람들과 저와 세상의 지시에 따라 질주할 때가 많습니다.

선한 일이 의의 수확을 거두게 한다는 점을 기억하기 원합니다. 저의 자아를 살지게 할 뿐인 일을 직시하게 하소서. 주님 섬기는 일을 선택할 수 있는 힘을 주소서.

영적 학업

현재의 시련을 교육의 하나로 여긴다면 그로 인한 시간과 에너지의 허비, 그리고 상심을 묵묵히 감수할 수 있을 것입니다. 또한 이것은 스승의 길을 따라야 함을 의미하기도 합니다. 제 삶의 스승은 바로 주님이십니다. 제가 배워야 할 모든 것은 생명과 은혜의 원천이신 주님으로부터 옵니다.

매일 아침, 주님의 교실에 들어가기 원합니다. 주여, 제가 교실 뒤편에 앉아 있을 때 제 심령을 깨우시고, 저를 발표하게 하소서. 저는 저를 위한 주님의 계획을 배워야 하는 학생입니다. 주께서 제게 문제를 주시는 것은 여흥을 위해서가 아닙니다. 주께로 가서 안식과 인도하심과 신앙적인 교훈을 간구하게 하기 위함입니다.

수고하고 무거운 짐진 자들아 다 내게로 오라 내가 너희를 쉬게 하리라 나는 마음이 온유하고 겸손하니 나의 멍에를 메고 내게 배우라 그러면 너희 마음이 쉼을 얻으리니 이는 내 멍에는 쉽고 내 짐은 가벼움이라 _마태복음 11:28-30

Promise

너희 하나님 여호와께서 너희에게 대하여 말씀하신 모든 선한 일이 하나도 틀리지 아니하고 다 너희에게 응하여 그 중에 하나도 어김이 없음을 너희 모든 사람의 마음과 뜻에 아는 바라 _여호수아 23:14

시련 중의 신뢰

어려움을 극복하게 하신 주님의 손길을 잊기가 쉽습니다. 이는 감사하는 마음이 없어서가 아니라, 지나간 곤경을 생각하기 싫어하기 때문입니다. 하지만 그런 때를 돌아보는 것이 얼마나 중요한지 이제는 압니다. 그것은 제 삶을 강건하게 합니다.

오늘 새로운 종류의 시련이 시작됩니다. 이전에 경험한 적이 전혀 없었던 시련입니다. 저에게 필요한 것은 주께서 제 심령 속에 심으신 약속을 상기하며 주님을 신뢰하는 일입니다. 복된 소식은 시련이 더 쉬워지지는 않았지만, 주님을 신뢰하는 것은 더 쉬워졌다는 사실입니다.

알지 못하는 것을 신뢰함

오늘 무슨 일이 있을지 저는 알지 못합니다. 무엇인가를 추측하거나 가정해본들 별 소용이 없습니다. 상황을 지배하고 있는 체하고 싶지만, 저로서는 큰 그림을 볼 수 없습니다. 제가 신뢰할 분은 주님이신 줄로 믿습니다. 주의 선하심과 신실하심을 경험했습니다. 그래서 주를 의지합니다.

앞으로 해야 할 일이나 이미 일어난 어떤 일의 원인에 대해 사람들이 물을 때, 저는 더 이상 가식적으로 행동하거나 핑계를 늘어놓고 싶지 않습니다. 알지 못하는 것을 신뢰하기 원합니다. 저를 지으신 분의 계획을 온전히 신뢰하기 원합니다.

바람의 길이 어떠함과 아이 밴 자의 태에서 뼈가 어떻게 자라는 것을 네가 알지 못함같이 만사를 성취하시는 하나님의 일을 네가 알지 못하느니라 _전도서 11:5

나 여호와가 말하노라 너희를 향한 나의 생각은 내가 아느니 재앙이 아니라 곧 평안이요 너희 장래에 소망을 주려 하는 생각이라 너희는 내게 부르짖으며 와서 내게 기도하면 내가 너희를 들을 것이요 너희가 전심으로 나를 찾고 찾으면 나를 만나리라 _예레미야 29:11-13

주님의 계획

주님, 정말 이 길이 맞습니까? 저는 주의 계획을 잘 믿으려 하지 않습니다. 저의 비전은 부족하고 미약합니다. 사람이나 물건들에 집착하곤 합니다. 그리고 모든 것을 지레짐작합니다.

하지만 오늘 아침에는 저를 위한 주님의 계획을 깨닫습

니다. 마침내 저는 두려움이 아닌 소망의 눈으로 미래를 내다봅니다. 이는 제게 새로운 비전이지만, 저는 이것에 익숙해질 것이라고 믿습니다.

Awareness

자각
Awareness

지혜가 네 영혼에게 이와 같은 줄을 알라 이것을 얻으면 정녕히 네 장래가 있겠고 네 소망이 끊어지지 아니하리라 _잠언 24:14

자각하는 법을 배움

최근에 저는 안개 속에 갇힌 나날을 보냈습니다. 지난주와 지난 달을 돌아볼 때 주님을, 그리고 주께서 제게 가르치려 하신 교훈을 자각하지 못했음을 고백합니다. 정신적으로 멍하게 살아가는 사람이 되고 싶지 않습니다. 어려움에 직면할 때에도 제 영혼의 양식이 되는 지혜를 추구하겠습니다.

주여, 오늘 주께서 제게 가르치려 하시는 것을 자각하게 하소서.

아침에 일어나서

오늘 아침에는 알람 시계를 끄고 나서 침대 가장자리에 앉아 주님의 음성에 귀 기울였습니다. 여러 가지 계획, 생각, 후회, 또는 일정 변화들이 온통 제 귓전에 맴돌기 전에 저는 주의 지시에 귀 기울입니다.

주님의 요구 사항을 자각하여 신실하게 순종할 수 있기를 기도합니다. 주님의 길로 행하여 주의 약속이 실현되는 것을 체험할 수 있기 원합니다.

이스라엘아 듣고 삼가 그것을 행하라 그리하면 네가 복을 얻고 네 열조의 하나님 여호와께서 네게 허락하심같이 젖과 꿀이 흐르는 땅에서 너의 수효가 심히 번성하리라 _신명기 6:3

너희는 들을지어다 귀를 기울일지어다 교만하지 말지어다 여호와께서 이 같이 말씀하시느니라 _예레미야 13:15

나 나 나

저는 교만이 주님을 알지 못하도록 방해한다고는 생각하지 않았습니다. 그러나 요즘 저는 완악합니다. 항상 저의 길을 고집합니다. 신앙보다는 저 자신과 저의 견해와 자아를 위해 말하는 경우가 더 많습니다. 온통 저의 관심사들에 사로잡힙니다.

주님보다 저 자신을 너무 많이 찾는 까닭에 삶이 힘들어집니다. 주님의 자상하신 인도를 사모합니다. 제 생각과 마음이 너무 산만하여 주의 진리에 주목할 수 없습니다. 간단한 기쁨조차 느끼지 못합니다. 제 일정과 교만한 방식을 제거하고 주님을 바라볼 수 있도록 도와주소서.

주목하기

오늘 제가 깨어 있지 않고 잠들어 있지는 않습니까? 옳고 선한 일을 하거나 다른 사람을 섬길 기회들을 제가 놓치고 있지는 않습니까? 저의 도움을 필요로 하는 사람들에게로 제 눈을 열어 주소서. 예리한 분별력을 지니기 원합니다.

피곤할 때에는 옛날의 나쁜 습관으로 되돌아가기 쉽습니다. 주의하여 현명하게 처신할 수 있는 힘을 허락하소서. 저의 역량을 넘어선 지혜가 필요할 때에는 주님의 지혜에 의지하여 상황을 극복하기 원합니다.

제자들에게 오사 그 자는 것을 보시고 베드로에게 말씀하시되 너희가 나와 함께 한 시 동안도 이렇게 깨어 있을 수 없더냐 시험에 들지 않게 깨어 있어 기도하라 마음에는 원이로되 육신이 약하도다 _마태복음 26:40-41

Courage

용기
Courage

아침에 저로 주의 인자한 말씀을 듣게 하소서 제가 주를 의뢰함이니이다 저의 다닐 길을 알게 하소서 제가 제 영혼을 주께 받듦이니이다 _시편 143:8

나를 이끄소서

오늘은 염려와 슬픔과 스트레스가 너무 심한 날입니다. 오늘 하루를 잘 감당할 수 있을 것이라고 생각했지만, 그럴 수 없습니다. 하나님 아버지, 제게는 주님이 필요합니다. 주께서 함께 계실 뿐만 아니라 하루 종일 저를 이끌어 주시기를 간절히 원합니다. 기세 좋게 시작했지만, 막상 앞으로 나아가자니 혼자서는 막막합니다.

저에게 길을 보여 주소서. 이날을 주께 맡기오니 계속 나아갈 수 있는 용기를 허락하소서. 주님을 신뢰합니다. 주님을 의지하지 않으려는 마음이 들 때 명치의 통증으로 경고해 주소서. 주님은 제 힘의 유일한 원천이십니다.

구주를 의지함

오늘 약간의 어색함과 갑갑한 마음으로 주 앞에 나아갑니다. 전에도 그런 적이 많았지만, 주님은 저를 외면하지 않으셨습니다. 주께로 돌이킬 마음을 품기조차 어려울 정도로 혼란스러울 때도 있습니다. 하지만 저는 주의 이름을 압니다. 주님은 거룩하신 구속주이십니다. 저의 구주이시며 메시아이십니다. 제가 초라하고 궁핍할 때 주님은 은혜로운 말씀을 주십니다.

하나님 아버지, 주의 힘과 용기와 함께 오는 평강을 주소서. 주의 인도하심이 절실히 필요할 때 주님을 외면하지 않게 하소서.

여호와여 주의 이름을 아는 자는 주를 의지하오리니 이는 주를 찾는 자들을 버리지 아니하심이니이다 _시편 9:10

제자들이 그의 바다 위로 걸어 오심을 보고 유령인가 하여 소리 지르니 저희가 다 예수를 보고 놀람이라 이에 예수께서 곧 더불어 말씀하여 가라사대 안심하라 내니 두려워 말라 하시고 배에 올라 저희에게 가시니 바람이 그치는지라 제자들이 마음에 심히 놀라니 _마가복음 6:49-51

배로 돌아오시는 주님

폭풍을 잠잠하게 하여 제 영혼을 구하기 위해 배에 오르시는 주님을 혹시라도 간과하지 않기 원합니다. 험한 물결로부터 끌어당기실 수 있는 주님을 찾으면서도, 정작 제가 주님 이외의 그 무엇을 의지하려는 마음을 품었던 적은 없었는지요? 그런 적이 있었음을 압니다. 이는 의심으로 인해 믿음이 연약해졌기 때문입니다. 하지만 주님은 언제나 신실하시며 저의 염려를 제거해 주십니다.

주님 안에서 용기를 얻습니다. 다른 무엇을 찾느라고 주님의 어깨 너머를 두리번거리지 않겠습니다. 오직 주님을 신뢰하겠습니다. 주님은 제 인생의 배로 돌아오셔서 두려워하지 말라고 말씀하십니다.

Thirst

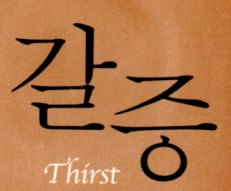

갈증
Thirst

의에 주리고 목마른 자는 복이 있나니 저희가 배부를 것임이요 _마태복음 5:6

공허한 자의 허기

때로 저는 삶의 공허함을 슬쩍 지나치려 합니다. 심지어 삶의 허망한 공백에 눈길도 주지 않습니다. 왜냐하면 그것 자체를 아예 알고 싶지도 않기 때문입니다. 하지만 오늘은 그 공허함을 채워 달라고 주께 간구하지 않을 수 없습니다. 공허함이 엄연히 존재하고, 저는 그것을 간과할 수가 없습니다. 내면 깊은 곳에서 허기가 밀려오며, 저의 자아를 억제하기 전에는 그것이 사라지지 않습니다.

주여, 허기와 갈증이 주의 의로우심을 갈망하게 만듭니다. 이것을 채울 수 있는 이는 오직 주님뿐이십니다. 주의 풍성하심이 제가 하는 모든 일에 넘쳐나게 하소서.

주님의 응답

제가 부귀를 간구할 때 주님은 무엇을 대신 보내십니까? 제가 떡을 간구할 때 주님은 저와 가족에게 무슨 음식을 내려주십니까? 제가 궁핍할 때 주님은 저의 연약함을 보완하기 위해 무엇을 주십니까? 제 삶에 필요한 모든 것이 주님으로부터 임합니다.

배가 아플 때 제가 먹은 음식이 과연 하늘로부터 공급된 것인가 하는 의문이 들 수도 있습니다. 하지만 주님, 주께서 제 여정을 인도하고 계시다는 믿음으로 그 음식을 받아들입니다. 주님은 주의 자녀를 굶기지 않으십니다.

너를 낮추시며 너로 주리게 하시며 또 너도 알지 못하며 네 열조도 알지 못하던 만나를 네게 먹이신 것은 사람이 떡으로만 사는 것이 아니요 여호와의 입에서 나오는 모든 말씀으로 사는 줄을 너로 알게 하심이니라 _신명기 8:3

내가 주릴 때에 너희가 먹을 것을 주었고 목마를 때에 마시게 하였고 나그네 되었을 때에 영접하였고 벗었을 때에 옷을 입혔고 병들었을 때에 돌아보았고 옥에 갇혔을 때에 와서 보았느니라 _마태복음 25:35-36

이유 불문하고

주위에 있는 형제자매들에게 결핍된 것이 너무 많아서 어디서부터 시작해야 할지 모르겠습니다. 그들을 돕고 싶은 강한 열망이 있습니다. 하지만 저는 물러앉아서 혹시 역효과가 나면 어쩌나 하고 망설입니다. 주님은 주린 자를 먹이고, 헐벗은 자를 입히며, 병든 자를 돕고, 갇힌 자를 방문할 것을 당부하십니다. 주님이 당부하시는 일은 반문이 아니라 섬김입니다.

오늘 제가 도울 자들을 통해 진정 주님을 뵙기 원합니다. 계속 베풀 수 있는 힘을 허락하소서. 제가 알아차리지 못할 때에도, 주님은 늘 제 앞에 서서 더 많은 섬김을 당부하고 계십니다.

두드리기

 너무 많은 사람들로부터 도움을 받으며 살아왔다는 생각이 듭니다. 혹시 거부당할 수도 있다는 생각에 주께 간구하려는 마음을 억누르기도 합니다. 전화, 편지, 이메일, 기도 등 도움을 구하는 다양한 방법들을 생각해 봅니다. 제 성격에 맞는 것이 무엇일까 하고 생각합니다.

 주여, 저의 꽉 쥔 손을 펴서 문을 두드리게 하소서. 그렇게 하지 않도록 유도하는 각종 핑계들이 밀물처럼 밀려듭니다. 하지만 주님은 제가 겸손하고 갈급한 심령으로 주께 나아가기를 원하신다는 것을 알고 있습니다. 먼저 제가 두드릴 때 주님은 응답해 주십니다.

구하라 그러면 너희에게 주실 것이요 찾으라 그러면 찾을 것이요 문을 두드리라 그러면 너희에게 열릴 것이니 구하는 이마다 얻을 것이요 찾는 이가 찾을 것이요 두드리는 이에게 열릴 것이니라 _마태복음 7:7-8

Responsibility

책임
Responsibility

모든 수고에는 이익이 있어도 입술의 말은 궁핍을 이룰 뿐이니라 _잠언 14:23

수고의 유익

오늘 아침, 알람 시계를 여러 차례 누른 후에야 겨우 잠에서 깼습니다. 기도를 시작했지만 오늘 해야 할 일에 대한 염려를 토로하기에 급급했습니다. 이제 하루를 생각하며 할 일을 주시는 주께 감사드립니다. 그것은 주님의 선물이기 때문입니다. 제 푸념은 생산적인 결과를 전혀 가져다주지 않습니다. 단지 해로운 생각들만 유발할 뿐입니다.

반면에 힘든 수고는 그 자체가 신실함, 결과물, 노동, 그리고 희생으로 보답합니다. 또한 그것은 창조적인 전율을 느낄 기회이기도 합니다. 주여, 제 앞에 놓인 일이 가치 있는 노력이 되도록 인도해 주소서. 이제 소매를 걷어붙였습니다. 그리고 제 삶에 유익을 주는 수고를 기꺼이 받아들입니다.

머무름

 최근에 저에게 일어난 일이 주님의 뜻과는 무관할 것이라는 생각이 들곤 합니다. 주님이 그런 일을 원하실 리가 없을 것입니다. 주여, 분명한 시각을 갖게 해주소서. 어쩌면 제가 이런 책임을 무작정 회피하고 싶을 수도 있습니다. 혹은 주께서 지금 곧 제게 알려 주기 바라시는 다른 교훈들이 있을 수도 있습니다.

 주께서 제 곁에 계시므로 저도 여기 계속 남아 있겠습니다. 저 혼자서는 이 일을 할 수 없습니다. 제 삶에서 이 일이 무슨 목적을 지니는지 파악하도록 도와주소서. 지금이 아니라도 조만간 파악하게 하소서. 제가 그 이유를 모를 경우에는 저에게 영감을 주소서.

형제들아 각각 부르심을 받은 그대로 하나님과 함께 거하라 _고린도전서 7:24

너희는 다른 신들 곧 네 사면에 있는 백성의 신들을 좇지 말라 너희 중에 계신 너희 하나님 여호와는 질투하시는 하나님이신즉 너희 하나님 여호와께서 네게 진노하사 너를 지면에서 멸절시키실까 두려워하노라 _신명기 6:14-15

오직 하나님만 섬기라

주님과의 언약 속에서 저는 주께 책임 있는 존재임을 깨닫습니다. 돈, 명성, 또는 사회에서 유혹하는 여러 가지 우상들을 배격하기 원합니다. 주님을 경외하며 섬기는 것이 제 의무입니다. 이 책임감이 저를 염려하게 한 적도 있지만, 지금은 주께 단단히 묶어 주는 끈으로 여깁니다. 제가 하는 일이 주님께 귀한 목적을 지닌 것으로 보이기 원합니다.

하루하루를 지내면서 주께 연결되어 있음을 강하게 느끼기 원합니다. 혹시 제 눈이 다른 신들에게로 향하면, 주의 이름을 붙들고 주의 임재 가운데로 돌이키게 하소서. 주께 책임감을 느끼는 것은 기쁜 일입니다. 왜냐하면 그것은 제가 주께 속한 존재임을 뜻하기 때문입니다.

믿음 안에서 갖는 용기

주님에 관한 이야기를 들어야 할 사람들이 주위에 있습니다. 저를 가치 있는 존재로, 복음의 메시지를 나누는 주님의 자녀로 보기 원합니다. 제 수줍음은 저를 지으신 분에 관한 메시지를 전할 책임감마저 흐릿하게 만듭니다. 저는 주님을 부끄러워하지는 않지만, 신앙에 대한 지식이 부족해서 창피합니다.

저에게 내면의 힘과 뚜렷한 목적의식을 주셔서 대화를 시작할 수 있게 해주소서. 상대방에게 꼭 들려주어야 할 말을 전하기 원하며, 주의 성품을 묵상하는 경청자가 되기 원합니다.

네가 진리의 말씀을 옳게 분별하며 부끄러울 것이 없는 일꾼으로 인정된 자로 자신을 하나님 앞에 드리기를 힘쓰라 _디모데후서 2:15

Direction

방향
Direction

그런즉 너희가 어떻게 행할 것을 자세히 주의하여 지혜 없는 자같이 말고 오직 지혜 있는 자같이 하여 세월을 아끼라 때가 악하니라 그러므로 어리석은 자가 되지 말고 오직 주의 뜻이 무엇인가 이해하라 _에베소서 5:15-17

주의 뜻을 보여 주소서

주의 뜻은 분별하기 어렵습니다. 저는 좋은 결정을 내리며, 주께서 원하시는 길을 따를 수 있도록 주의 인도하심을 간구하면서 하루를 시작합니다. 그러나 점심 무렵에는 내적인 긴장감이 사라진 것을 느낍니다. 주의 말씀에 대한 저의 지식에 의존합니다. 그 지식이 여러 상황과 대화와 선택들에 작용합니다. 하지만 오늘 저는 과연 제 삶이 주의 뜻에 얼마나 가까운지 알고 싶을 뿐입니다.

주님의 눈과 주님의 마음으로 제 삶을 바라볼 수 있도록 인도하소서. 평생토록 주님과 동행하기 원합니다.

내 걸음을 인도하소서

저에게는 큰 계획이 있습니다. 여러 가지 일들을 생산적으로, 창의적으로, 그리고 효과적으로 해내기를 원합니다. 이것은 단지 생존을 위한 계획일 뿐일지도 모릅니다. 하지만 믿음은 더 큰 목적을 동기로 삼게 만듭니다. 가장 작은 행동마저 축복으로 변할 수 있음을 봅니다. 또한 우발적인 것처럼 보이는 일들도 주의 의도적인 계획의 일부일 수 있음을 깨닫습니다.

저에게 필요한 것은 올바른 방향으로, 즉 주님을 향해 나아가는 일뿐입니다.

사람이 마음으로 자기의 길을 계획할지라도 그 걸음을 인도하시는 자는 여호와시니라 _잠언 16:9

완전한 사람을 살피고 정직한 자를 볼지어다 화평한 자의 결국은 평안이로다 _시편 37:37

긍휼이 넘처남

저는 방향을 설정할 때 주님의 인도를 따르기도 하지만, 때로는 내면의 추진력에 의존하기도 합니다. 저의 개인적인 열정을 여전히 추구하고 있습니다. 하지만 최근에 평안의 힘에 이끌림을 느끼고 있습니다. 제 심령이 더 온유해졌습니다. 긍휼이 더 쉽게 표출됩니다.

이런 느낌이 저를 어디로 이끕니까? 이것이 제 삶에 어떤 영향을 미칩니까? 보다 많은 평안을 체험할 수 있는 방법을 보여 주소서. 장차 제 삶에 평안이 가득하기를 소망합니다.

내 마음을 정결하게 하소서

올바른 길을 걷게 하소서. 저는 쉽게 산만해지지만, 정로를 이탈하지 않기 원합니다. 기도하오니 정해진 노선을 벗어나거나 그릇된 지도에 현혹될 때 저를 이끌어 줄 사람들을 보내 주소서. 제가 읽은 내용이 생각나게 해주소서. 제 심령이 지혜를 향해 매진하기 원합니다.

오늘 정결을 위해 기도합니다. 제 영적 시각을 더럽히는 혼란 상태로부터 구원하소서. 홀가분하고 자유로운 마음으로 장래의 소망을 붙들기 원합니다.

정녕히 네 장래가 있겠고 네 소망이 끊어지지 아니하리라 내 아들아 너는 듣고 지혜를 얻어 네 마음을 정로로 인도할지니라 _잠언 23:18-19

Authenticity

진실성
Authenticity

거짓 입술은 여호와께 미움을 받아도 진실히 행하는 자는 그의 기뻐하심을 받느니라 슬기로운 자는 지식을 감추어 두어도 미련한 자의 마음은 미련한 것을 전파하느니라 _잠언 12:22-23

나의 참모습

주님, 오늘 제가 신실하도록 도와주소서. 더 이상 험담이나 가벼운 거짓말이라도 하지 않기 원합니다. 사람들의 비위를 맞추느라고 성실한 대답을 망설이지 않기 원합니다. 말과 생각과 다른 사람들에 대한 행동이 진실하기 원합니다. 제가 저 자신을 항상 잘 알고 있지는 않음을 시인합니다. 저의 실상과 바람직한 저의 모습을 제가 혼동할 수도 있습니다.

하지만 주여, 주님은 저를 저보다 더 잘 아십니다. 제가 걸어가야 할 길을 보여 주소서. 주의 진리를 향해 저를 이끄시고, 그것을 기초로 삼게 하소서.

옳은 의도

주여, 신자로서의 제 역할을 지켜 주소서. 저의 선한 명성과 행동을 지키소서. 말하기 전에 신중한 마음으로 기다리게 하소서. 저의 모든 의도들이 올바르고 순수해지기 원합니다. 저의 은사에 맞는 사역으로 이끄셔서 온전한 헌신으로 주를 섬기게 하소서.

주님으로부터 받은 능력으로 주님과 다른 이들을 신실하게 섬기기를 갈망합니다.

오직 모든 일에 하나님의 일군으로 자천하여 많이 견디는 것과 환난과 궁핍과 곤난과 매 맞음과 갇힘과 요란한 것과 수고로움과 자지 못함과 먹지 못함과 깨끗함과 지식과 오래 참음과 자비함과 성령의 감화와 거짓이 없는 사랑과 진리의 말씀과 하나님의 능력 안에 있어 _고린도후서 6:4-7

사람이 마땅히 우리를 그리스도의 일군이요 하나님의 비밀을 맡은 자로 여길지어다 그리고 맡은 자들에게 구할 것은 충성이니라 너희에게나 다른 사람에게나 판단받는 것이 내게는 매우 작은 일이라 나도 나를 판단치 아니하노니 내가 자책할 아무것도 깨닫지 못하나 그러나 이를 인하여 의롭다 함을 얻지 못하노라 다만 나를 판단하실 이는 주시니라 _고린도전서 4:1-4

충성스러운 종

오늘이 지나가기 전에 주께 신실한 종으로 인정받기 원합니다. 제 행실이 주님을 기쁘시게 하고, 주의 자녀들에게 유익이 되기 원합니다. 제가 행한 일을 통해 충성스럽고 올곧은 마음을 주님께 보여 드리기 소원합니다. 저의 하루는 반복될 수 없는, 주께 드리는 예물입니다. 오늘의 특정 상황은 다시 돌아오지 않습니다. 이 기회를 어떻게 선용하는가가 주님에 대한 저의 믿음을 드러냅니다.

주여, 저에게 맡겨진 범위 그 이상의 일을 하기 원합니다. 그래서 하루를 마감할 즈음에 저를 지으신 주님께 복된 존재로 인정받기 소망합니다.

이끄소서 OneMinutePra

사랑의 동기

하루의 시작부터 끝까지, 주의 뜻에서 비롯된 사랑의 계명을 따르기 기도합니다. 주님의 마음으로 다른 이들을 대하게 하소서. 그래서 제 생각이 판단과 분리보다는 긍휼과 연합으로 향하기 원합니다.

저에게 주어진 날들이 주님을 세상에 증거할, 그리고 저의 신실성을 주께 보여 드릴 기회가 되기를 기도합니다. 감사하는 마음으로 오늘 아침을 시작합니다. 온종일 겸손히

yersToStartYourDay

주님을 바라봅니다. 사랑의 길을 영원히 따를 수 있도록 사랑으로 저를 이끄소서.

부녀여, 내가 이제 네게 구하노니 서로 사랑하자 이는 새 계명같이 네게 쓰는 것이 아니요 오직 처음부터 우리가 가진 것이라 또 사랑은 이것이니 우리가 그 계명을 좇아 행하는 것이요 계명은 이것이니 너희가 처음부터 들은 바와 같이 그 가운데서 행하라 하심이라 _요한2서 5-6

사명선언문

너희가 흠이 없고 순전하여……세상에서 그들 가운데 빛들로
나타내며 생명의 말씀을 밝혀 _ 빌 2:15-16

1. 생명을 담겠습니다

만드는 책에 주님 주신 생명을 담겠습니다.
그 책으로 복음을 선포하겠습니다.

2. 말씀을 밝히겠습니다

생명의 근본은 말씀입니다.
말씀을 밝혀 성도와 교회의 성장을 돕겠습니다.

3. 빛이 되겠습니다

시대와 영혼의 어두움을 밝혀 주님 앞으로 이끄는
빛이 되는 책을 만들겠습니다.

4. 순전히 행하겠습니다

책을 만들고 전하는 일과 경영하는 일에 부끄러움이 없는
정직함으로 행하겠습니다.

5. 끝까지 전파하겠습니다

모든 사람에게, 땅 끝까지, 주님 오시는 그날까지
복음을 전하는 사명을 다하겠습니다.

서점 안내

광화문점	서울시 종로구 새문안로 69 구세군회관 1층 02)737-2288 / 02)737-4623(F)
강남점	서울시 서초구 신반포로 177 반포쇼핑타운 3동 2층 02)595-1211 / 02)595-3549(F)
구로점	서울시 동작구 시흥대로 602, 3층 302호 02)858-8744 / 02)838-0653(F)
노원점	서울시 노원구 동일로 1366 삼봉빌딩 지하 1층 02)938-7979 / 02)3391-6169(F)
일산점	경기도 고양시 일산서구 중앙로 1391 레이크타운 지하 1층 031)916-8787 / 031)916-8788(F)
의정부점	경기도 의정부시 청사로47번길 12 성산타워 3층 031)845-0600 / 031)852-6930(F)
인터넷서점	www.lifebook.co.kr